JN440266

너의 은유가 나를 집어삼킬 때

박순호 시집

시인동네 시인선 147

박순호 시집

너의 은유가 나를 집어삼킬 때

시인동네

시인의 말

나는 여러 달을 정원에서 보냈다.

호미와 낫은 무뎌질 틈이 없었고, 손톱 밑은 까맸다.

식물의 뿌리가 어울릴 만한 자리를 찾아 구덩이를 팠다.

그러는 사이,

움푹 파인 눈두덩에서 많은 별빛이 쏟아져 내렸다.

나는 삶이 주는 두려운 질감을 간직했으며 정원에서 주운 문장을 그러모았다.

가끔 이역에서 오는 소식은 슬픔과 그리움을 한데 묶어 동백나무 아래 묻었다.

2021년 3월 연허재에서

박순호

차례

제2부

제3부

제4부

제1부

공공연한 비밀

죽은 자로부터 받은 심장을 진리의 저울에 올려 가늠하는 아누비스*

고통의 해방을 외치며 팔딱거리는 산 자의 심장

앞에서 나는 중얼거린다
말하지 못했던 진실은 진리에 가깝다

나는 공공연한 비밀을 꺼내 저울에 달아본다

---

*아누비스: 자칼의 머리에 인간의 몸을 가진 고대 이집트 신화에 나오는 신. 저승으로 향하는 문을 열어 죽은 자를 오시리스 법정으로 인도하고 죽은 자로부터 심장을 받아 '진리의 저울'에 달아서 살아생전 행위를 판정하는 임무를 맡고 있다.

다큐멘터리

잠시 숨을 고르세요
렌즈는 예민하잖아요
과감한 구도 속에 솔직함을 담는다면
아니, 냉철하고도 객관적인 판단을 중심에 둔다면
충격적인 결말을 안겨주기도 하니까요
나는 현실주의자이면서 펜을 든 극사실주의자거든요
그렇지만 온전히 속마음을 담는 장면은 생략하기도 합니다
심장과 콩팥, 위장과 내장, 대장과 소장
마구 꿀렁거리는 장기들
불가능한 세계에 발을 걸친 장면은 어떻게 하면 좋을까요
나는 지금
위험합니다만,
불안합니다만,
위태롭습니다만,
희망에 기댄 마음 씀씀이를 탐색하면서
꽃밭을 망쳤던 일이며
말뚝에 매인 염소에게 허락했던 자유를 촬영합니다
그리고 나는

몇 번을 뒤돌아보고 같은 말을 반복합니다
사는 건 늘 낡고 서먹서먹했다는 것에 초점을 맞추며
진실에 더 가까이 접근하기 위해
나를 파헤쳤다가 다시 묻어버립니다
눈물방울이 렌즈에 맺혀 시야를 가립니다

필요 이상의 호기심

햇빛이 펄럭거린다
타락한 웃음, 검은 어깻죽지에도
불의 혀가 핥고 간 흰 재 위에도
말을 꺼내지 못하는 과묵한 표정 앞으로
두 팔을 펼치는 찬란

쳐내고 쳐내도 거친 표현이 웃자란다
나는 몸을 낮추고
깨지기 쉬운 가장자리부터
약속되어 있지 않는 모든 것
고여 있는 침묵을 움켜쥐지만

어딘가에는 차가운 성질이 숨어 있고
막상 내가 꺼내놓은 물건들마다 싸구려 냄새가 진동한다

쓸쓸하기 짝이 없는 건방진 말투
필요 이상의 호기심

>

애초부터 싹수가 노란 아이들은 그늘을 늘려갔고
즉흥적인 기분은 대부분 찢겨져 파기된다

안개를 들춰내고
푸른 줄기를 꽂아놓는다면 서정이 되는가
그렇다면 바싹 마른 잎을 조금 더 붙잡아둘 수 있을까
때로 웃음만으론 해결되지 않는 일들
문서로 꾸며진 일련의 협박들

타지로 돈 벌러 나간 사이
빈집에 택배와 우편물을 들이듯
서정은 주인 없이도 활발하지만 가끔 무례하다

나는 필요 이상의 걱정을 안고 사는 편이다
숨죽이는 울음을 손질하길 좋아한다

과장된 소문

그저께는 길고양이 한 마리가 죽었다
오늘은 길고양이 세 마리가 태어났다
네 발 가진 짐승이 물어 나르는 소식은 나른하다
아침마다 먹이를 챙겨주는 늙은 여인의 입 안에서
잃어버린 고양이 방울 소리가 들린다

서로 핥아만 주다가 사라지는 것들
이 도시에는 꾸며낸 사건이 널려 있다

바람이 통하지 않는 골목에서였는지
사이렌이 울리는 광장에서였는지
아니면 공중화장실에서였는지
길고양이의 번식은 은밀하고도 묘연하다
시작과 끝이 명료하지 않은 소문을 만든다

산 채로 가두려는 열쇠들이 실에 꿰어진다
머무는 자리마다 헛구역질을 한다

>

죽음을 잡아당기는 말
진화가 거듭되는 말
시공간을 껴안고 부화되는 말

말의 절벽은 기암괴석을 껴안는다
말의 노동은 돌부리에 차인다
말의 뿌리는 불필요한 양분까지 흡수한다

당신은 이곳에서 기침을 하고 저곳에도 존재한다
당신의 그림은 어느 순간 완성되고 벽에 걸린다

우리는 서로에게 낱장으로 기억되고

몇 장 남지 않은 달력과 며칠이면 완성된다는 말
당신은 캄캄한 골목을 오가며 끼어들다 지치고
비공식적인 만남을 주선하듯
그 자리를 빙그르르 맴돈다
바람에 그을린 생각들도 낱장으로 뜯겨져 나간다
문득 눈이 부셨고 불 냄새를 맡았다

타다 남은 조각들을 누가 맞출 수 있는가
그을음 속에서 채굴되는 무늬를 누가 설명할 수 있는가

다시 한 번 말해두지만 나는 밀실처럼 어둡다
그리고 고통스럽기 짝이 없다
불탄 자리 곳곳에서 쐐기 모양의 흔적이 발견되지만
뚜렷한 정의를 내릴 수 없다

거룩한 일상에 참여했던 계절은 사그라졌어도
나의 전체가 반으로 뭉개졌어도
저편을 들여다볼 수 있게끔

구름다리를 놓아줄 텐가
밥보다 더 소중한 것을 내어줄 텐가
내게 명자꽃처럼 와줄 텐가

언제나 우리는 서로를 마주 보면서도
방향을 묻지 않았다 그럴수록 침묵은 곤욕스러웠다
어느 눈 내리는 날에는 한 묶음이었으나
추위가 한풀 꺾인 어느 날인가
기억을 데리고 오는 낱장들이 발밑에
수북하게 널려 있었다

안쪽에서의 파동

당신은 나의 정서 바깥에서 흔들리고
가끔 목이 잠긴 채 창백한 낯빛을 한다
가당치 않은 말과 절박한 숨
나는 기꺼이 받아들이면서도 스스로를 검열한다
안쪽에는 늘 환풍기가 돌아가지만 미처
쓸어 담지 못한 부스러기와 수레가 지나간 길을 빨아내지 못한다

감정노동은 당신의 시간을 끝까지 추적해서 파괴한다

사흘에 걸쳐 같은 꿈을 꾼다
태양이 매일 지나다니는 길에서
불행했던 전통을 답습하는 꿈

문 안쪽에서 내뱉었던 약속
창 바깥에서 어겼던 약속

깊은 사랑은 폭력과 구분 짓기 어렵다

>

당신은 흙과 돌과 나무로 이루어진 공간을 상상한다
사전을 뒤적거리면서 이따금씩
삶의 행간에 찍힌 발자국을 지우거나
투정 섞인 욕망을 토로하면서
점차 보폭이 좁아지다가 느려지고
뒤돌아본다

바깥으로 추방당한 노후된 햇빛이 흙을 파먹는다

쓸데없는 걱정

걱정이 초를 다툰다
건물 입구에 들어서서
첫 계단을 딛는 순간부터
힘을 준 발가락에 쥐가 난다

매 층마다 걷고 있는 여자와 앉아 있는 남자
의자 등받이에 걸쳐 있는 옷과 책상 위의 컴퓨터
캐비닛 속 서류뭉치와 창가의 화분
생각의 갈피마다 꽂혀 있는 누적된 얼룩이
피로 하중을 만든다면 그리하여
고통을 계산하지 못한 설계를 의심한다면

걱정이 충돌한다
건물이 가지고 있는 힘이 균형을 잃고
우는 소리를 내지는 않을까
참았던 숨을 몰아쉬며
불안을 채우는 냄새
정면에 서 있는 기분은 어떨까

>

보인다
하나의 직업에 이십 년을 매달리다 보면
서로 밀고 당기는 심리전이
피 흘리며 떠다니는 귀신들의 움직임이
건조하고 파리한 눈동자로 매달린다

알면 알수록 무섭다
그로 인해 부풀어가는 쓸데없는 걱정의 부피
터무니없는 가정법은 얼마나 적막한가
그것을 넘어서기까지 나는
우회하지 않고 오직 직진을 택한다

어젯밤에도 귀신이 출몰하는 외곽을 빠져나오느라
애를 먹었다

완벽해서 너무도 완전해서

집에 다다를 때쯤, 느닷없이
우울로 둘러쳐진 그가 한쪽에서
다른 한쪽에서 공포로 무장한 그가
우악스럽게 내 팔을 낚아챈다

모퉁이만 지나면 집인데
창틀에 놓인 화분을 옮겨야 하는데

내 뜻과 달리
여러 번 마주친 적 있는 그는
완벽해서 너무도 완전해서
꼬투리 잡을 만한 게 없다

겨울을 보낸 이불이 장롱을 여는데
김칫국물 배인 속옷이 나풀거리는데

말 한마디 건네는 일 없이
시간을 깎아 돌리며 서서히

침몰시킨다 그런 그를
집까지 데려갈 수 없어 아중천변을 걷는다

흐린 하늘이 발등에 얹히는데
인정할 수 없는 뼛조각이 늘어만 가는데

떠났다 싶어 집으로 방향을 트는 순간, 이번엔
가만히 나를 만지듯
울음이 움터 오른다 그러나 이제
울음을 참는 건 일도 아니다

모두가 웃는 얼굴을 펼쳐놓는데
어디선가 휘파람이 들려오는데

문장과 문양 사이

잘 빚어진 문장에선 제철 과일 향이 난다
그러나 과즙이 톡톡 터지는 즐거움 뒤편에는
우리가 찾을 수 없는 미로
매혹으로 짜인 문양이 새겨져 있다
그곳에는 죄다 소진된 감정이 쪼그려 앉아 있고
안개를 지녔던 나날과 고통이 매몰된 찌꺼기
둥근 문장의 입구 거름망에 걸린다

문장의 문양은 가장 솔직한 부장품이다
이루 말할 수 없는 무거움
오르막길에 눕혀진 술병들
무릎 꿇고 애걸해도 가질 수 없는 내게
가시 돋친 탱자나무 그림 한 점만 건네준다

빗방울에 갇힌 문양
빗방울을 옮기는 문장

밤새 서로 치고받고 싸운다

불완전한 음
벽이든 바닥이든 아무렇게나 박힌다
완성되지 못한 문장과 온전하지 못한 문양 앞에서
구걸한다

문장은 얼마나 아파해야 문양을 가질 수 있나
얼마나 더 나를 열고 닫아야만 음각을 새길 수 있나

나는 시시때때로 문장과 문양 사이에서
뿔을 들이민다
날을 세운다

감정피로

정면에서 마주치거나 마주할 용기가 나질 않는다
정면은 기억을 캐내고
들키기 쉬운 겨울 숲

나는 시시때때로 생각이 변하고
선잠을 청하곤 한다

새로운 배열은 부화되지 않는 알처럼 천진난만하고 살구색을 띤다

몸은 앞질러 가는 걸 좋아한다
차오르는 숨에서 연민이 묻어난다
때로 불쾌한 온도는 응고되는 시간을 늦춘다

나는 선잠에서 깨어나
얼핏 노인이 된 나를 들여다본다

감기 기운이 풀죽어 있다가도 창가에 서면 빳빳해진다

>

당신의 기억은 식감 좋은 채소처럼 아삭하고
공유할 수 없는 저 너머의 느낌을 잡아둔다

다림질한 바지는 무릎을 따라 길의 무늬가 결정되고
잠을 쫓아내며 식속들을 책임진다

수녀가 성경이 든 가방을 지하철에 두고 내린다

무소부재

나는 거절하지 않는다
순간과 순간이 다투고 있을 때도
음율과 음율 안에 놓인 여백을 지나칠 때도
의문투성이인 당신이 악수를 청할 때도
빠져나갈 구멍을 찾지 않는다

나는 언제나 당신이 서 있는 자리에서 복원된다

불쑥 내미는 얼굴
나는 전혀 부끄러움을 모른다
의식 속에 갇혀 사는 당신을 개의치 않으므로
숨소리는 울림통에 갇혀 있고 더군다나
깊은 주름 속에 들어앉아 있으므로

느낌은 가장 예민한 피부에 먼저 가닿는다
간혹 영혼과 영혼이 팔을 늘어뜨려 서로를 만진다

나는 거리낌 없이 옷을 벗는다

울면서 노래를 부른다
주먹으로 거울을 깬다
그 앞은 끝없이 이어지는 눈 쌓인 계곡
술 없이 하루도 살지 못하는 나는
저편과 이편을 오가다가도
이편에서 저편을 건너다보는 날이 늘어난다

나는 예술품처럼 남아 있는 귀한 기억을 떠올리며
육교에서 산 값싼 액세서리를 서랍에서 꺼내본다

그러나 당신 손바닥 위에 올려놓을 결과물은 없다

그 계절

그 계절
창 너머 달을 망치로 내리치면 유리알처럼
마루 위를 구를 것만 같았지
새끼를 가진 검둥이는 송곳니를 드러내며 사나워지고
강 언저리에는 여울목이 만들어졌지

그 계절
나는 쓸쓸한 노래를 찾아 들으며 떠돌아 다녔지
종아리에는 길을 찾아 헤맨 핏줄이 자라나고
손가락 마디는 어둠을 담아둔 자루처럼 불룩하고
예상한 대로 상처는 깊어서 손쓸 수가 없었지
여전히 바탕은 만들어지지 않았지

그 계절
내게 친절했던 사람들은 빈털터리인 나를 알아보고는
마음에도 없는 위로를 전하며 사라져갔지
말줄임표에 기대 점점 흐릿해졌지

>

그 계절
미국흰불나방이 정원을 잠식했지
역병(疫病)에 관한 정부의 문자가 쌓여가지만
건조해서 바람이 불면 날아갈 듯 허약했지

그 계절
수백 권 책을 버리고 집 안에 갇혀 지냈지
냉소를 머금은 얼굴이 마스크에 가려 아무도 알아보지 못했지

기억 속에서 움트는 생각들

가벼운 마음으로 산책을 나섰는데 무거움을 떠안았다
기어코 생각을 한 짐 싣고 집으로 돌아왔다

먹장구름이 어느 산봉우리에서부터 시작됐는지
오색딱따구리가 어떤 나무 둥치를 쪼아 집을 만들었는지
나는 자꾸만 눈을 깜박거렸다

기억의 못은 숨결 깊숙이 파고들어 빠지지 않고
날마다 움트는 생각은 지피식물처럼 낮게 번진다

왜 정원에 굴을 판 오소리는 떠나고 없는지
어째서 감나무 가지가 붙어서 한 몸이 되었는지
나는 자꾸만 입술을 실룩거렸다

생각과 생각의 골에 자리 잡은 생물들
그 옆에 회화나무와 호랑가시나무 묘목을 심어볼까도 했지만
그때마다 다른 분위기에 휘둘리고

때로 둔탁한 소리를 내며 쓸려간다

움트는 기억들이 모여서 노을을 조각한다
생각이 놓여 있는 수첩 위에 먼지다듬이가 기어 다닌다

환멸에게 보내는 쪽지

헝겊인형 가슴을 훔친 솜뭉치에서
선반을 주저앉힌 녹슨 볼트에서
애타게 사람을 찾는 전단지에서

종이 결을 모르는 잉크
제멋대로 움직이는 마우스
표현할 줄 모르는 고장 난 턴테이블

너의 은유가 나를 집어삼킬 때

알아볼 수 없는 필체에서
곰팡이 핀 식빵에서
벽장에 갇힌 꽃병에서

세월을 갉아먹는 서까래
부러진 목발

너는 우울을 생산하는 공장에 나를 취직시킨다

제2부

열무국수

동남쪽으로 가는 매혹적인 길목에 집 한 채 생겨났지요

남새밭을 일구면서 돌을 쌓아 가마솥도 걸었고요

잡초를 캐내자 드러낸 흙의 맨얼굴
여름이 다 가기 전 시원한 열무국수를 먹고 싶다며
열무 씨를 뿌리자던 당신의 말

그래, 그래요 우리
열무 빛이 은은히 퍼지는 저물녘
열무김치를 담궈요

열무가 익으면 가장 좋은 자리를 차지한 동백나무 아래
돗자리를 깔고 열무국수를 말아요

이렇게만 살았으면 해요
그렇게만 매해 열무를 심었으면 해요

옥수수밭 사잇길

옥수수밭 위에 구름이 집을 짓고 쪽문을 낸다

옥수수밭 사잇길
바이올린 든 낡은 가죽가방을 맨 사람을 만났고
무너진 구름더미 아래서
연주를 청했다

나는 전혀 어울리지 않는 말을 꺼낸 거 같아
머쓱해 했지만
그는 차분히 가방을 열고 연주를 시작했다
옥수수 알갱이는 빈자리를 찾아 들어차고
구름의 움직임은 굼뜨고
벌레들이 잎사귀를 갉아먹다가 잠시 멈췄다
모든 것은 완벽했다
마치 정원에 날아든 주름꽃이 어울리는 것처럼

작은 것들을 위한 열정
처음 접했던 앳된 정서들

하지만 모든 날은 기록되길 원치 않는다

바이올린을 켜던 사람은 떠나고 없다
바람이 한 차례 옥수수밭을 훑고 지날 때
길쭉한 초록 잎들은 허공의 어깨에 대고 활을 문지른다

추수 때가 가까워 온 옥수수밭 사잇길을 걷는다

치자 물을 들이면서

나는 치자꽃 피는 한철 내내
뜨락에서 지냈다

매일 아침 닦았던 구두에는 푸른빛이 감돌고
나와 함께 사라진 회사처럼
붙박이가 되었다
걸어갔거나
미처 걸어보지 못했던 길에 핀 치자나무
챙겨온 유니폼에서 치자 향이 났다

치자 열매가 달렸을 때도
긴 소매 옷을 입고 챙이 넓은 모자를 쓴 채
전지가위와 호미가 손에 들려 있었다

대문은 조용했고 이따금 집배원이 다녀갔다

나는 폐간된 잡지처럼 침묵을 지켰고
하루에도 몇 번씩 시무룩하다가도

바람이 잔잔하고 볕이 들면
치자 열매 끓는 솥을 들여다보곤 했다

치자빛 스며든 광목이 뜨락에 펼쳐진다
꽃밭이다
여름과 가을을 담아내고
쓸모없는 생각과 불친절한 날씨를 걸러 꽃을 폈다

노랑나비가 날아와 앉는다

광대뼈

당신의 옆얼굴은 여린 가지 위에 앉아 있는 붉은빰멧새처럼 석양 먼 곳에 가닿고 상처가 쌓여 붉은 구릉을 이룬 뺨 안에는 침묵이 고여 오른쪽 아니 왼쪽으로 기울던 이별

초승달이 떴다
지루해한다거나 한 치 망설임 없이
궂은 날씨의 간섭을 피해 양날 축을 세운다
빛은 어느 뼈 사이를 비집고 새어나오는가
반복되는 변화에도 그 어떤 징후를 발견할 수 없는 일상
애처롭게 휘어진 곡선에서 광대뼈를 발견한다

모든 사물의 옆구리마다
툭 불거진,
당신의 옆얼굴이 걸려 있다

그러나 하루도 지나지 않아
깡그리 지워지는 얼굴

>

별빛에 버무려진 어둠이 찰랑찰랑하다

광대뼈는 눈물을 받아내는 처마

처마 아래
붉은빰멧새 떼가 날아든다

문

문을 만들려면 우선 벽의 연결을 끊어야 합니다
아시다시피 경첩을 달아야 합니다
문을 열면 무엇이 나옵니까
검은 섬들이 떠다니던가요
비애로 채워진 가마니가 쌓여 있나요
문은 늘 어떤 힘에 의해 움직입니다
열려 있는 시간보다 닫혀 있는 날이 많습니다
그다 열고 싶은 의지도 없습니다만, 이제는
부드럽고 연한 문도 싫증이 납니다
섹스에도 흥미를 잃었으니까요
나는 벽으로만 둘러싸인 골방을 생각하다 말고
골방 어딘가에 남아 있는 빛을 그리워합니다
왜 선술집 미닫이문 손잡이는 반짝거리지요
취해서 우는 울음은 기억되는 울음입니까
불분명한 발음 때문에 문짝이 삐거덕거리기도 한다는 말
사실입니까
뒤돌아서 바라보면
눈이 깊은 사람처럼 위험한 문

먼지 쌓인 선반처럼 손이 닿지 않는 문
문 밖을 서성이던 사람들은 거리를 헤매고 다닙니다
잠들기 전에 문을 열었다가 닫아봅니다
사라진 문에 대해서는 함구하겠습니다

아이스크림 공장

백양나무 숲으로 둘러싸인 공장 안에는
날마다 눈이 내립니다
냉각기는 틈을 벌리며 차가운 입김을 불어넣고
설탕가루는 하얀 유니폼 안으로 숨어듭니다

이곳은 안녕이 많은 곳입니까?
예. 그렇습니다.
사람의 얼굴이 자주 바뀌고
가난한 연인들이 왔다가 몇 시간도 안 돼 다시
다른 햇빛을 찾아가지요.

아침부터 눈이 내립니다
육체는 겨울을 허락하고 적응해갑니다
겨울에 어울리는 환경을 조성합니다
눈은 그칠 줄 모르고
북쪽으로 걷게 만듭니다

원료가 담긴 포대를 호퍼 앞으로 나르고

종이포대 실밥을 풉니다
찬물에는 식품첨가제, 소금, 안정제를 섞고
더운물에는 설탕, 버터, 탈지분유, 물엿을 차례대로
호퍼에 쏟아 넣습니다

배합된 반죽은 탱크로 옮겨지고 마지막으로
밀폐된 용기에 담긴 마카다미아 향을 탱크 안에 붓습니다

이곳은 차갑고 매끄러운 질감이 존재하겠군요.
예. 그렇습니다.
감정까지 얼어붙어 정지된 느낌이지요.

눈 속에서 종이포대를 들어 올립니다
손아귀가 퉁퉁 부어서 주먹이 잘 쥐어지지 않습니다

나는 일을 마치면 가야 할 곳이 있습니다
등기우편을 찾으러 우체국에 들러야 하고
쌀과 생선, 맥주와 마른오징어를 사야 합니다

>

그 무엇이 겨울 울타리 안쪽에 당신을 가뒀습니까?

울타리에 가두다니요? 그것도 한겨울에…… 무슨 말씀을 그렇게 합니까?

그저 신빙성 없는 삶의 자료 속에 놓여 있는 것뿐입니다.

백양나무 숲으로 둘러싸인 공장 안에는

날마다 눈이 내립니다

파도가 온다

절벽에 가로막혀 되돌아오는 파도는 길을 잃었다
해풍은 해송을 뒤틀리게 만들며
손이 닿지 않는 등뼈 안으로 전이된다
나는 파도 채찍에 얼굴을 묻은 모래밭에도
건강한 날씨와 기쁨의 얼룩이 있다고 여겼지만
껴안고 있는 것들을 버리지 못한 내내
작은 창문이 달린 쪽방에서 사나운 꿈을 가져야만 했다
피곤함은 귓속에 죽은 귀뚜라미를 불러들이고
잇몸에선 하얀 돌조각이 끝없이 기어 나온다
어정쩡 머뭇되기만 하는 행복처럼
쌓고 또 쌓아둔 비밀처럼
이비인후과를 나와 치과에 들러 처방전을 받아 쥐고
간혹 눈물은 흐르지 않는데 입으로만 운다
기억력마저 파도에 덮여 쓸려간다
아무리 간절하다고 해도 얻는 건 드물고
간절함 없이도 올 건 온다는 사실 앞에
몸으로 증명할 수 없는 파도가 온다

오늘 마주한 것들

오늘 마주해야 하는 얼굴과 마주선 것들
우연히 발견되는 뒷모습 그럴 때,
모든 운동이 멈추고
마찰음이 가라앉을 때,
어느 곳에선가 거짓 고백이 싹튼다
죄다 발라먹고 가시만 남은 공허한 식탁
홍수에 떠밀려온 통나무처럼
몸에 맞지 않는 침묵을 걸친다

우리는 지난 시간에 대해서 말을 아낀다

사라져버린 심장에게
한쪽으로 치우친 뇌에게
도무지 맡길 수 없는 손에게

절망이란 얼마나 과장될 수 있는지*

오늘 정해진 식단

오늘 전해 받은 우편물
오늘 생각난 약속

우리는 다가오지도 않는 일에 대해 미리 겁을 먹는다

도처에서 습득한 절망을 돌려줄 길이 없다
밤하늘에 주울 수 없는 별이 넘쳐난다
하나만 가졌으면
단 하나만 가졌으면 하지만,
온몸은 그믐과 눈보라와 삭정이뿐이다

오늘밤도 텔레비전을 켜놓은 채 불 꺼진 거실 소파에 누워 잠든다

---

* 조영관 시, 「동백꽃」에서 차용.

근원

둘로 나뉜 기억은 갈피를 잡지 못하고 더디게 나간다
치매 환자처럼 뒷골목을 헤맨다
도착지는 빛과 함께 일렁거리고
바람주걱은 달궈진 생각을 엎었다가 뒤집는다

계절과 마주하는 달력, 편지봉투, 화분, 향수병, 손수건……
바닥에 늘어뜨린 소품을 조금 더 갖고 있기로 한다
나는 소란스런 정원을 묶어둘 필요는 없다고 생각하면서도
동쪽에서 걸어온 사람들이 서쪽으로 사라져가는 길목을 내다보곤 한다

새 한 마리가 무리를 이탈한다
정원을 한 바퀴
굴뚝을 두 바퀴
담장을 세 바퀴
돌고 돌고 돌아서
가닿을 수 없는 가지에 놓인 붉은 발목을 추억한다

>

봄 지나서 늦잠
가을 지나서 이별

당신은 나의 얼굴에서 만추를 보았었노라 편지를 보내왔다
쓰다 만 답장은 낡고 해졌다

붉은 발목을 가졌던 새는 가질 수 없는 것들을 가지런히 추려
어디론가 운반한다

파산

나는 내게서 도난당했다
완전하게
철저하게
파괴된 자물쇠부터
학대받은 흔적까지
은밀히 밀봉되어 실려갔다

나는 내게서 피살당했다
치밀한 계산과 공식에 의해
가면 쓴 비밀과 신념에 의해
예의바른 표정부터
당신과 상관없는 얌전한 마음까지
납작한 모양의 울음과 함께 생매장됐다

곰팡이, 정글, 재래식 화장실, 마이너스 통장 따위들
일기를 쓰다 멈췄다

숨구멍 없는 안개는

목소리까지 가뒀다

잘 정리된 고통
미려한 실수가 존재할까

신의 말씀은 전파를 서두르고
천국의 시계는 바퀴가 되어 굴러가고

전설

나는 오랫동안 건조했다 압화처럼
아프다는 말을 뱉지 못했다
극적인 순간이 언제였는지
모든 것들은 점잔을 빼면서 뒤로 숨고
나는 스스로를 큰따옴표 안으로 유인하여 가둬두고는
집 밖을 나섰다

뒤돌아보지 않았다
꼿꼿한 자세로
다가오는 것들을 기꺼이 받아들이며
무던히 이해하려고 애썼다

꽃의 척추
바다의 대퇴부

걸음을 옮길 때마다 새로운 이야기가 덧붙여지지만
매혹을 안겨주지 못하고 무료함만 건넸다
껴안지도 끼어들지도 못하는 어정쩡한 자세로

나는 멀찌감치 서서 나를 지켜보았다

여전히 산 자들의 낙서는 유효한가
잠들어 있던 뼈다귀들은 살에 닿았던 감촉을 기억하는가

꽃의 반월상연골
바다의 복숭아뼈

들판 지나 도시
강 건너 도시, 도시
산 넘어 도시, 도시, 도시

모퉁이 수천만 개를 돌아 집으로 돌아왔을 때
큰따옴표가 열려 있었다
나는 그곳에 없었다
나는 뚜벅뚜벅 따옴표 안으로 걸어 들어가 나를 가뒀다

망루

가장 잘 보이는 곳에서 파괴된 형태의 빛을 목도한다

바싹 마른 그림자는 손을 갖다 대어 질감을 느끼도록 유혹한다
좋은 목질의 사다리는 내 발밑에만 놓인다

설명은 무의미한 공간에 배치되어 움직이지 않는다
어떤 책 가장자리에 적힌 필체를 따라 나의 생각을 밀어 옮긴다
집필이 끝난 방에는 철 지난 옷가지들이 창밖을 염탐한다

애인의 침묵은 더 이상 기어오를 수 없을 만큼 높아진다
수첩을 꺼내면서 말을 더듬거린다
인정할 수 없는 거리는 숲에 가린 채 불타오른다

나는 나에게 청구할 것이 많다
나는 뭉뚱그려 말하길 좋아한다
이웃들에게 조작할 사건들이 늘어나고 착각을 일삼는다

은사시나무 꼭대기 맨 마지막 잎은 떨어지기 좋은 자리를 탐색한다
석양은 무엇을 그러모으고 싶은지 커다란 갈퀴 모양을 완성한다

저수지에 나이 많은 메기 한 쌍이 물러나는 빛을 잠자코 응시한다

파생된 기억

미술관 뜰에 뜯겨나간 마른 붓털이 계속 날아들었지
새가 지루한 한철을 보냈던 가지가 흔들릴 때
새는 너무 늙어버려서 날지 못했지
통로를 따라 관람했던 그림을 돌려놓고
창틀을 떼어내고
조명을 걷어내고 나서야
나는 잠잠해졌지

바람이 만지작거리던 그림
햇빛의 농도에 한 번 더 덧입혀지고
껴입은 옷처럼 두툼해졌지

처음 읽을 때는 밑줄을 치고 두 번째 읽을 때는 밑줄을 지우고 다시 밑줄 그으며 읽는 세 번째 책처럼 육체에 덧댄 환상이 꿈틀거려서 아무것도 쓸 수 없었지

기쁨 앞에 냉소
고독 뒤에 불안

>

언젠가 밖은 추워지고
잠이 오지 않고
아픈 날이 찾아오면
그때 쓰기로 마음먹었지

큐레이터는 눈으로만 뜰을 서성거리지

점자의 밤

생을 궁금해 하던 생면부지의 얼굴들이 빠져나가면,

달빛이 채집한 날개들은 입구를 찾지 못해 시끌벅적하다가 다시 그 자리로 돌아와 산 채로 숨을 거둔다는 이야기에 나는 한 뼘 늙어가고 두 뼘 궁핍해지고 털어놓지 못한 말들을 더 깊은 땅 밑에 묻어두고,

확신하지 못해서 쭈뼛거리던 밤이 한곳으로 모여들면,

마주 보던 것들이 눈을 피하고 등을 돌릴 무렵 내 것의 음율이 상처를 가진 탓에 나는 오랫동안 비어 있는 창문으로 살아야 하고 훔칠 수 없는 몇 권의 경전이 푸석하게 변한 글자들을 쓸어 담고,

앞을 보지 못하는 자가 짚어내던 점자는 별처럼 빛나고,

제3부

스노우볼

치고 빠지는 뻔한 수작도 통하지 않는다
평범한 수식어만 퇴비처럼 쌓여가고
끊임없이 나풀거리는 감정들 앞에 이렇게
마주앉아 있는 걸 보면 나는
수평으로 달린 문이었거나
조금씩 새어나가는 금 간 유골단지였거나
능욕 당했던 지난 계절을 파헤친다
그리고 뜻하지 않는 생일상을 받기도 하며
선물 상자를 열어보게 된다
모든 것을 가둬버린 스노우볼
유리알을 흔들 때마다 헛것으로 떠돌 뿐
어제 못다 한 생각들을 애써 기억하려 하고
어제 듣던 음악에 다시 귀 기울이고
어제 마시다 남은 술을 술잔에 채운다
미안하지만 오늘도 어제처럼
별 볼일 없이 지나갔다
아무것도 완성되지 않았다

기이한 전개

나는 도서관 책상에서 체포당했다
엎드려 있는 그대로 마취 총에 맞은 멧돼지처럼
아무런 저항도 할 수 없었다
마른 공포가 바스락거리는 한낮이었고
나의 눈을 가린 그자들은
무의식 속에 더 깊은 무의식을 쑤셔 박으며
내가 가진 세계를 무력화시켰다

분명 나는 그자들에게 끌려가고 있었다
같은 실내에 재수생, 취업준비생, 고시생
그 밖의 목적이 있거나 없는 사람들
내편이 되어주려는 목소리는 들리지 않고
공포는 책장을 넘기는 소리에 묻혔다

나의 필기구는 모두 어디로 굴러갔나
다들 무엇을 신봉하면서 책을 펼치고 있나
모든 책은 떨칠 수 없는 악몽을 담고
모든 책의 내용은 허무만을 표현하고

납작해진 진실은 더 이상 부풀지 않는다

의자를 끌어당긴다
푹신한 방석은 물에 젖어 무겁다
집은 얼마나 멀리 떨어져 있을까
가족은 시계를 보며 초조해할까
땀인지 눈물인지 모를 더운 액체가
발톱 끝에 방울진다

나는 의연한 모습으로 비춰지고 싶었다
그러나 기쁨만을 동여맸다고 생각한 보자기를 풀자마자
하얀 곰팡이로 뒤덮인 사과가 데구르르……
갑자기 두 눈을 가린 검은 천이 풀어졌다
도서관 불이 꺼지기 직전이었다
책과 필기구를 주섬주섬 챙기면서 몇 번이고
눈을 비비며 뒤를 돌아보았다

선천적 우울

자궁 안에서는 우울마저 따듯했다라고
아직 영글지 못한 그늘
아늑했다라고
쓴,
작위적인 너무나 비극적인 근황에
숨이 턱까지 차올랐다

양수가 터지기 전까지는
의식하지 못했다 그것이
핏줄을 붙잡고 기웃거릴 거라고
내가 가진 높이를 휘감아 오를 거라고 전혀
예상치 못했다

그것은
하나의 행성을 닮았다는 천문학자의 말
외계생물 같다는 과학자의 말
뿔 달린 귀신이라는 무당의 말
강박증이 가지를 쳤다는 심리학자의 말

>

그러나
나는 충분히 우울했으므로
주석 따위는 달지 않았다

까마귀가 앉았다 떠난 나뭇가지
검은 깃털이 걸려 있다
우울을 가꾸던
검은 사제
검은 사체들

두서없이 쌓이는 저 막막함!

이식

뿌리가 화분을 누른다
뿌리가 화분을 밀어내며 발버둥 친다
뿌리가 화분 밖을 뛰쳐나온다

줄기는 어제보다 더 많은 양분이 도착하길 바란다
줄기는 화분의 존재를 잊고 산다
줄기는 꽃피우는 일에만 집중한다

이만하면 정원으로 옮겨도 될까요

나는 뿌리가 삐져나온 화분에 물을 주면서
넓은 잎을 수건으로 닦아내면서
애걸복걸 매달렸던 일에 몰두한다

햇빛은 충분합니까
공간이 마음에 듭니까
잠자리가 불편하지는 않습니까
혹시 영양결핍으로 노란 방 안에 계십니까

>

주체 못할 불안을
휘어잡지 못하는 불안을
집 안 전체를 수식하는 불안을
나는 떨쳐내지 못하고 갈팡질팡한다

뿌리는 힘을 다해서 수액을 위로 전달한다
줄기는 잎을 늘리면서 곁눈질한다

이만하면 정원으로 옮겨도 될까요

내력

그 방은 말끔하게 치워져 있었다

바닥에는 이불 두 채
벽에는 옷걸이 두 개
포개지고 맞닿은 채
볕을 잡아당겨 쌓아두었다

짧게는 사흘
길게는 열흘
누군가 드러누웠던 방

나는 어떤 장면과 어떤 생각 그리고 어떤 미소
삼각의 구도를 그려보다가
주인에게 보름쯤 머물겠다고 전하려던 말을 깜박 잊었다

그 방에서 나는,
부스럭거리며
자멸을 꿈꾸며

작은 소란을 피우는 동안 보름이 지나고
유리에 묻은 지문이 풍경을 가렸다

너무 시끄러운 고독*

그 방 안에서 잔인했던 행위들은 하나같이 침착하다

---

* 너무 시끄러운 고독: 보후밀 흐라발 소설 제목.

애도하는 삶

물 위에 쓴 일기는 멀리 멀리 뒷걸음질 친다
앞과 뒤가 섞이고
문장부호들이 뒤죽박죽 흐물거리고
지금 이 순간도 출렁거려서 멀미가 날 지경이다

마구 짓밟고, 부수고
잊힌 것들까지 끄집어내어 닦달한다
더 이상 죽는 시늉도 먹히지 않는다

완벽한 하루를 증명하기에는 하루가 너무 짧다

삶의 찬사는 차갑고 맵다

기이한 하루를 버텨낸다면,
몸뚱이는 검은 섬에 놓아두고
눈과 귀를 데리고 심해로 가라앉을 것이다

조금만 참으면 좋아질 거예요

한 이불 속에서 나지막이 퍼지는 속삭임도 잠시
기쁨을 겨냥한 화살은 빗나간다

나는 내게 의미 있는 것들에 대한 상실을 애도한다
애도할 수 있는 시간이 충분하기를 원한다

강박증 1

나는 쌍여닫이 문 앞에 서면 늘 왼쪽 문부터 연다

나는 잠을 잘 때 왼쪽으로 웅크리고

나의 얼굴은 오른쪽으로 약간 기울어져 있어 왼쪽으로 얼굴을 드는 연습을 한다

왼쪽에 놓여 있는 물건과 왼쪽으로 치우친 건물

왼쪽에 서 있는 나무와 왼쪽으로 뚫린 통로

나는 오른쪽을 예의주시하며 걷는다

나는 오른손잡이임에도 불구하고 왼쪽이 주는 고립을 두려워한다

나는 왼쪽 편에서 궁지에 몰릴 때가 많고 입장이 난처해진다

왼쪽은 나의 노력에도 불구하고 협조하기를 꺼린다

싱크대 왼쪽 손잡이를 열고 오른손으로 라면을 꺼낸다

스프를 반쯤 뿌린 생라면을 오른쪽 이빨로 부서 먹는다

오늘도 나는 왼쪽에 대한 미련을 버리지 못한다

강박증 2

그것은 크기를 가늠하지 못하게 일부분만을 보여주면서
밀서를 들이민다
그림자까지 우겨넣고는 내 안에 쐐기를 박는 동안
눈을 감았다가 뜰 때도
억지로 눈을 감고 잠겨 있을 때도
불규칙한 공간에 거대하고 눈부신 군락을 만들어보라며 종용한다
그것이 건넨 문장은 건조하고 게다가 바람까지 건조해서
나는 자주 건조한 말투를 옮기다 말고
끔찍한 공간에 꽂힌 깃발을 생각한다
그것은 훼손되지 않고 나부낀다
오늘 건네받은 몇 통의 밀서도 해 지는 창가 쪽으로 밀어 넣었다
습관은 말랑말랑한 순간을 잊어간다
나는 구부정한 자세로
꼬깃한 욕망을 펼쳐본다

암묵적인 나날들

북풍이 몰아쳤다
그날 밤 나는 참지 못하고
밖에서 묻혀온 고통을 집 안 곳곳에 털어냈다
가족 모두 암묵적 동의를 하면서 두 눈만 깜박거렸다
굳이 피치 못할 사정을 펼칠 필요는 없었으나
눈빛까지 감출 순 없었다
매듭은 풀어지지 않고
어눌한 말투가 늘어만 갔다
날씨를 확인하고 또 계절을 염두에 두었지만
문 밖에서는 소용없는 일이었다
다시 북풍이 몰아치고
북풍이 끌고 가는 별을 오래도록 들여다보았다
기억하고 싶은 사생활은 잠깐 반짝이다가
물먹은 날개로 가라앉았다
그랬다
의미를 두는 순간 고약한 냄새를 풍겼다
간혹 당신이 끌어안고 있던 무거움이 내 안으로
옮겨올 것 같아 초조했다

말없이 진행되는 속도에 맞춰 줄 듯 말 듯
암묵적인 협박과 약속과 요구들
그러니 시시각각 일그러지는 초침과 분침 앞에서
과장되게 말하거나
징징거리지 말 것

손 스침

직각으로 누운 환상은 모서리마다 징이 되어 박혔다
나는 햇빛에 바래 부서지는 날것들과 함께
구부러진 계단 내부의 목소리
갇혀 있던 눈동자를 끄집어내듯
계단 난간에 손바닥을 얹는다

계단 위에 놓인 초조한 목소리
계단 아래 있는 눅눅한 날씨

나는 지난봄에 죽은 목련을 베어내고
그 자리에 심었던 목련 묘목의 촉감을 기억한다

조금씩 떼어지듯
알게 모르게
궁핍해지듯

돌음계단은 바닥을 정면으로 응시하지 않는다
계단참은 창과 연결된다

손바닥이 따라나선다
스쳐 지나면서 습득한 냄새를
낯선 기운이 차오르는 밤의 주름을
다시 스치면서 파고든다

나를 걱정하면서
나를 타이르면서

조금씩 떼어지듯
알게 모르게
궁핍해지듯

나는 스침과 스침으로 접두사를 만든다
나의 불행은 다른 곳에서부터 폭로된다

오수리 시편 1

지나간다 정원에 와주었던 인기척을 쓸어 담으면서
온전하지 못한 것들의 꽁무니를 좇아내면서
사라진다 내가 알고 있는 사실을 슬쩍 흘려놓고서
잠시 미뤄뒀던 약속처럼
감나무 앞에서 소나무 뒤로 숨는다
불편하기만 한 추억들도 숨죽이는 이곳

나는 내가 갖고 있는 비밀 재료를 당신 앞에 내놓기가 망설여진다
당신에게 전하지 못한 표현은 가라앉았다 떠오르기를 반복한다

며칠째 입맛이 없다는 당신의 기별
여기 이 자리 모든 것들이 나를 대신한다
담장 밑 빈자리에 어울리는 나무를 정하는 동안

다시 또 어두워지고 환해지고

생활은 예전만 못하고 궁핍하다
궁핍한 계절에 쓴 문장들은 이전의 시간과 이후의 시간을
부정한다

오래된 집에 오래된 창문이 졸고 있다
늙은 암고양이 심장 안에 집의 내력이 숨어 있다
과거 이 집을 지은 사람은 고물상을 하며
돈을 많이 벌어 서울로 이사했고
두 번째 주인은 분재와 나무를 가꿔 팔아
수목원으로 옮겨 간다는 입술처럼
매매계약서에 붉은 도장을 찍었다

세 번째 주인이 된 나는 그저 하릴없이
마당을 쓸고 또 쓴다

오수리 시편 2

1

지난 계절을 파헤친 호미는 녹이 슬고
갈퀴에는 마른 고구마 덩굴이 엉켜 있다

2

타지에서 묻혀온 우울은 아직도 애도해야 할 이유가 남아 있다고
나는 중얼거리면서
녹슨 대문에 매달린 우편함에 명자나무 가지를 꽂아둔다

3

손톱을 다 깎고 발톱으로 옮겨간다
부지런한 손끝에서 미처 전달하지 못한 마음이 뚝 끊긴다
손질을 끝내고 문을 열었을 때
언제부터 내렸는지 알 수 없지만 눈이 쌓였다
장롱을 드러낸 자리에서 발견된 몇 개의 동전
검게 변한 마음의 땟물은 몇 번 헹궈 볕에 말렸지만 아직 제 색을 찾지 못한다

손톱과 발톱이 마당에 버려지고
밤의 밑바닥이 하얘졌다*

---

*가와바타 야스나리의 소설, 『설국』 첫 문장 인용.

노루발못뽑이

벽 뒤편 미세한 떨림에 귀 기울이는 사람
천정 너머 달의 각도를 예측하는 사람
그는 눈물샘이 솟는 자리를 찾아 틀어막고
상처를 뜯어내는 거푸집 해체공
달빛의 자손인 그는 근육이 잘 발달된 노루였는지 모른다
그런 그를 얼핏 스치면 웃는 얼굴이지만
덫을 피해 다니면서
교묘하게 위장한 구덩이를 내려다보면서
그는 억지웃음을 만들었다
벽과 벽의 진지함 위에
층과 층의 견고함 위에
불을 밝히며 노루잠을 자는 그의 곁엔
진물 배인 장갑과 노루발못뽑이가 놓여 있다
덜거덕거리며 난간 아래로 사라지기 전까지
잎사귀마다 노루의 문신을 새겨놓은 그는 끝끝내
우듬지에 닿지 못하고 구부러진 못이 되었다
이제는 영영,
달빛의 틈을 벌릴 수 없는 사람

영원으로 이어주는 별자리를 발견할 수 없는 사람
노루발못뽑이에 걸린 그의 웃음이
하얀 국화 한 송이로 옮겨졌다

크로키

자리에 앉자마자 허물어진다
기댈 곳을 찾는 머리는
허공이 벌린 아가리 속을 들어갔다, 나왔다
즐거움을 모르는 엉덩이는 들썩들썩
지하철 창가에 휙, 휙
덩어리진 어둠이 풀어진다
그러는 사이
마주 보는 고통처럼 창문이 겹친다
곁가지에서 삐져나오는 통증이 포개지고
묘사할 수 없는 시침이 사방으로 튄다
수첩에 놓아둔 방점들이 또르르 바닥을 구른다
팔뚝에는 핏물로 굳어진 검붉은 움막 한 채
미처 치우지 못하고 나온 밥상은
어두워져도 다리를 접지 못한다
찻차는 엄숙하면서도 냉정하게
정해진 시간을 엄수한다

제4부

불후의 명작

우리는 편편한 목판처럼 하나의 평면이었는지 모른다
칼날을 받아내는 연한 살점이었는지 모른다
둥근 음각으로 도드라지다가
서로 마주하는 가까운 거리
각자의 가슴에 못을 쳐 액자를 걸고
액자 바깥에서 액자 안을 들여다보는 존재
그것은 새로운 현상도 아니고 놀랄 것도 없다
다만 칼날의 방향에 눈이 휘둥그레지지만
예측할 수 없는 감정에 매료되고 긴장한다
기억할지 모르겠지만 우리는
자궁벽에 핀 꽃들로부터 호흡을 배웠고
상처가 아무는 족속이지만 상대에게 무차별 공격을
가하는 습성을 버리지 못한다 아쉽지만 우리는
서로의 등을 바라보며 한숨을 내쉬다가
가장 아름다운 한때의 영정사진으로 남는다
그물코를 빠져나가는 순간까지 우리는
고통스런 존재다

너무 뜨겁고 너무나도 요란하다

나는 끊임없이 주저한다

몸뚱이는 기계처럼 고장이 잦고
부품은 구하기 힘들다

어떤 날은 생각을 잃어버려 온 집 안을 들쑤시고
또 어떤 날은 산책길에서 잃어버렸던 마음을 찾아 집에 오기도 한다

흙을 파헤쳐 콘크리트를 붓고 머릿돌 몇 개 세웠던 직업은 나를 증명하지 못한다

고백하건데, 나는 내 전공을 몸소 진행하는 것보다 그냥 눈으로만 보기를 원하고 책상 위에 놓인 타인의 결과물을 만지작거리며 촉감이 전해주는 상상에 기댄다

찻물이 끓는 주전자에서 지난날 묻어둔 상처의 거품이 인다

>

때로 축축이 젖기 위해서는 외부의 도움이 절실하다

나는 주전자 내부처럼 너무 뜨겁고
너무나도 요란하다

예상 밖의 일

1.
나방 떼가 길목을 막았다 분명 나방이었으나 꿈에서 깨어 골똘히 생각해보건대 그건 나방이 아니라 만장이었다는 생각

어떤 이의 영혼일까
아무리 꿈속을 뒤적거려 보아도 어디를 가려 했는지 기억을 놓치고 봉분도 찾지 못할 것만 같은 예감

가까운 곳을 둘러보고 몇 통의 전화를 걸고 나서야 불길한 기운을 걷어냈지만 만장의 행렬은 꿈 바깥에까지 이어지는 느낌

2.
어둠 안으로 발을 내딛는다
스위치는 문 옆에 있는 것이 상식인데
고정관념의 늪에서 허우적거리며 불안을 더듬는다
모든 것은 내용을 이해하는 자에게만 불빛을 준다

흐물거리는 감정은 미풍에도 변형되기 일쑤다
나는 자주 머뭇대다 때를 놓친다
그러면서 섣불리 사람을 판단하며
저주를 퍼붓고 내 방식을 고집하지만
예상치 못한 상처가 덕지덕지 몸에 들러붙는다

어젯밤 꿈에도 나방 떼가 나타났다
꿈 밖의 만장과 꿈속의 나방
순간 나방의 날개에 박힌 무늬들이 하얀 깃으로 옮겨가고 있었다

가슴이 마구 뛰기 시작했고
몸을 숨길 만한 곳은 아무 데도 없었다
예상 밖의 일이었다

구멍

— 블루홀

깨울 수 없는 잠
빛이 도달하지 못하게 주먹 모양을 한 덩어리진 전설
벌어진 틈으로 속삭이는 공명음
들리는가
여기로 와서 나를 열어보겠는가

그것은 어디까지나
호기심 많은 당신의 몫

나는 부지런히 눈치를 보며 퍼즐을 맞춘다
몸의 질문은 부자연스럽다
파도는 탐구하는 자들을 싣고 끝없이 해안에 출몰한다

살아서 닿을 수 없는 바닥
스스로 내려놓지 못하는 무게
정확하지 않은 발음이 웅웅거리며
마지막 딛었던 족적이 떠오른다

죽은 자의 무릎에는 억겁에 이르러서야 겨우 구더기가 슬고
귓속에 갇혀 있던 지느러미가 움직인다

위독한 삶이
파란만장한 굴곡이
산발적으로 다가와 기웃거린다
불필요한 웃음과 불확실한 사랑이
맞물려서 빠지지 않는다

모든 힘줄을 세워 파란 각을 만든다 해도
어깻죽지에 힘을 빼고 숨을 참아낸다 해도
완전한 바닥을 건져내지 못하는 심연

내가 갖고 있는 서늘한 질감들이
한 근씩 떼어져 구멍을 채운다

만에 하나

어디를 가든 고래고래 욕설이 산란하고
매일 같은 옷을 입은 할머니가 바퀴 빠진 유모차를 끌고 가고
골목을 돌고 또 돌아도 집이 나오지 않아 당황한다면
나무마다 주먹만 한 눈물이 매달려 있다면

앞뒤 건물이 뒤바뀌고
페인트가 벽에서 흘러내려 웅덩이를 만들고
와주어야 할 것들은 발이 묶여 한뎃잠을 자고 있다면
자고 나면 약속 장소가 물에 잠겨 있다면

산봉우리마다 죽은 들짐승의 썩은 물이 흘러내려 오고
작물의 어깨가 죄다 좁아지고
가축들 모두 우리 밖의 세계로 사라진다면
오래된 통조림만 굴러다닌다면

모두의 뒷주머니에 칼이 들어 있고
모두가 방관자가 되고

뜬눈으로 밤을 새워야 한다면
내가 잘못되기라도 한다면

일 년 열두 달 악성종양이 몸 안에 기거하고
쓰레기더미에서 아침을 맞이하고
기쁨의 순간이 해 지는 쪽으로 매몰된다면
유령들만이 집을 지킨다면

내가 장담했던 눈빛과 장담한 눈빛과 장담해야 할 눈빛을 거둬들일 수 있다면

부패한다는 것

간혹 공기에는 억울한 정령이 섞여들어 칼과 함께 흘러 다닐 때가 있다
촉수가 달린 칼은 누군가의 죽음이 전달되는 순간
급류에 휘말리는 배처럼
빠르게 다가와 집도한다
죽음이 다른 죽음을 보지 못하도록
죽음으로부터 죽음이 발뺌하지 못하도록
눈알부터 노린다

처음부터 끝까지 침착하게 진행된다
먼지 한 톨 일으키지 않고
정해진 시간 안에 오직,
하나의 정신과 집중력으로
그림자까지 한 칸씩 발골한다

풀숲에 개 한 마리 엎드려 있다
미동조차 없는 개 옆으로 풀줄기가 흔들리고
금파리 떼가 윙윙거린다

>

결국 생의 무게는 엎드린 채
살과 장기와 가죽 순서대로
순번을 어기지 않고 차례로
풀어지면서 바닥이 된다

부패는 한쪽으로 치우친 무게를 덜어낸다
죽음 이후의 대답은 소스라칠 만큼 간단명료하다

신경쇠약

자동차를 폐차시키고 집에 와보니 아직 눈을 뜨지 못한 개 새끼가 어미 품에서 죽어 있었다 새끼를 묻어준 그날 밤 꿈속에서 나를 비방하는 새끼들을 둔기로 때려 죽였다 그래도 분이 풀리지 않아 시신을 훼손한 뒤 나무에 매달았다 나는 묘한 웃음을 띠며 오른쪽 관자놀이에 권총을 대고 방아쇠를 당겼지만 죽지 않고 날이 밝았다

잠옷을 벗고 트레이닝복을 입는다
뛰고 또 뛰고
얼굴을 일그러뜨리고
제발 죽어 없어졌으면 하는 이름을 호명하며
불안의 싹을 닥치는 대로 밟으면서 뛴다

장작을 패듯
시간을 쪼개
헬스장에서 땀을 빼고
편백나무 숲에 누워 있거나
몸에 좋다는 음식을 챙겨 먹는다

나는 늘 고약한 죽음의 냄새 때문에 하루에도 몇 번씩 샤워를 한다

나의 머릿속에 갇힌 폭력의 성향은 현실보다 더 잔인하다
오늘 아침에는 일면식도 없는 이의 부음이 짧은 문자 속에 갇혀 있다

관에 누워 있는 사람
관을 내려다보는 사람

오늘 낮에 찾아온 젊은 애인은 석양을 따라 나섰다

카페 바그다드

눈이 자주 오는 고장을 가로질러 폐쇄된 철로가 흘러갑니다
철로에서는 석탄 냄새가 납니다
바그다드 카페는 놓여 있다기보다는 둥둥 떠다닌다고 말할 수 있지요
그리고 회색 구름을 닮았습니다
가끔 무지개를 들여보내고 한 달 내내 문을 닫아겁니다

죽은 길을 바라보는 창문은 티그리스강 쪽을 향해 기울었습니다
더 이상 모래폭풍도 몰려오지 않습니다
기차는 오지 않고
갱도의 어둠은 물러나는 방법을 잊었는지 고여만 있습니다
모서리가 말려 올라간 책마다 곤충의 집 창문이 보입니다
가구 손잡이는 떨어져 나가고
금이 간 커피 잔들이 놓여 있습니다
칠이 벗겨진 장식품은 이곳과 잘 어울리지만
어딘가에 오래된 석탄가루를 품고 있을지 모릅니다

나는 장식장 선반에서 계절 하나를 꺼냅니다
죽은 별 몇 개와 멈춰 있는 바람 서너 줄기가 딸려 나옵니다
눈은 그칠 줄 모르고
밤의 밀실까지 눈보라가 들이칩니다
창턱에 놓인 선인장의 몸에는 얼음뿐이겠지요
흥분이 가라앉은 카페는 차분합니다
카페 바그다드에는 햇빛과 사막과 오아시스가 고스란히 놓여 있습니다

저녁의 이마

저녁의 재료는 하나같이 풀죽어 있다
검은 도마 위에서 잘게 썰린다

나선형 모양으로 이동하는 땅거미
땅거미의 많은 발들, 귓바퀴들
말하지 못하는 입들
스스로 못질하여 가두는 그림자들

무리 지어 떠가는 양떼구름도 빠르게
밤의 우리를 짓는다

물기 빠진 저녁은 한 삽씩,
말뚝이 박혀 있던 구멍을 메우고
검은 망토가 바닥을 덮는다

저녁의 속삭임은 점점 가늘어지면서
살아갈 궁리에 골몰한다
주름은 계곡처럼 깊어지고

가는 곳마다 능선을 그린다

저, 감당할 수 없는 눈빛

책장을 덮고
저녁의 이마를 짚어본다

각주를 달다

무릎 안에 웅크린 주름을 펼친다
풀지 못하고 묶어두었던 감정
무릎담요를 덮어준다
나는 앞발과 뒷발 축에 대해 그리고
나를 향해서 미루고 미뤄두었던 물음의 답변을
여러 날 퇴고했던 서신으로 대신한다

영혼이 깃든 물건과 풍경은 만지지 말자
기억이 점령한 것들은 모른 척 해주자

걸음을 재촉하는 동안 비가 내렸나?
내 곁에서 떨어져 나간 가벼운 농담이 빗물에 불어터지고
주머니에 든 조약돌을 해변에게 돌려주던 길

선택과 갈등으로 세워진 모서리를 따라
어떤 행위는 생각을 앞지른다
목소리가 잠기고 감각도 무뎌진다
잘 정리된 단편들은 철 따라 두꺼워지고

동여맬 끈이 필요하다

내 마음에 닿으려 했던 다른 마음
서로 섞이지 못하고 부서지는 온기
마치 장기를 대충 쓸어 담아 부검을 마친 시신처럼
죽음 이후의 삶도 책임져야 한다면
나는 그 안에서도 서러운 각주를 달아주고는
며칠 더 가난하고 구멍 난 양말을 꿰맨다

몇 번을 빨아 널어도 집 냄새가 지워지지 않는 옷
욕하면서 닮아가는 사람처럼
각주의 모양은 누구나 이해할 수 없는 마감재로 덧씌어진다
나는 무릎에서 복숭아뼈까지
아주 친절하게 각주를 달아주며 걷고 또 걷는다

매 순간

기억이 물어뜯는다
가물 줄 모르고
그믐에도 휘둘리지 않는 탓에
막무가내 눈썹을 비집고 나온다
썩은 냄새를 게워내면서
오줌과 똥을 짓이기면서
피 맛을 아는 자들이 새벽녘까지
술판을 벌인다

나는 맹세를 했으나
화분 밖을 벗어나지 못하는 뿌리를 닮아서
팔꿈치를 펴지 못한다
누군가 곁에 있건 말건
친절하게 다가와 덮어 누르는 형용사의 덫
허방다리에 빠지기 일쑤다

숨소리가 거칠어지고
발 디딜 때마다 눈치를 본다

잔뜩 힘이 들어간 몸에 쥐가 난다
손끝에서 심장으로
심장 중심에서 발끝으로
차르륵 차르륵……
사슬이 끌려 다니고
비명이 뛰쳐나온다

깃털 빠진 자리에는 새살이 돋지 않는다
슬픔의 모가지는 빳빳하다
서로 외면하면서 뒤틀린 관절들
화살촉 모양의 말들이
왼쪽 가슴을 파고든다

검은 숲
— 구멍

그 숲은 고요하고 진지해서 몰입하기에 충분하다
그 숲은 하나의 감정 외에는 모든 것을 구부러뜨린다
그 숲은 무엇으로도 채워지지 않는 공허를 풀어낸다
그 숲은 고온다습하고 볕이 든 적이 없다
그 숲은 힘겹게 완성한 달을 흩어지게 내버려둔다
그 숲은 오직 혼자만 미끄러져 내려가야 한다
그 숲은 들어가는 이와 나오는 이의 뒷모습을 달리한다
그 숲은 나를 파멸로 이끌 가능성이 크다
그 숲은 나에 대한 비밀을 품고 있다

해설

주석이 필요 없는 우울과 편집적 시 쓰기

우대식(시인)

박순호 시인의 이번 시집은 다분히 철학적인 메시지들로 가득하다. 그것은 충분히 의도된 시적 지향에서 비롯된 측면이 크다. 시란 감정의 유로라고 했던 낭만주의 시관과는 상당한 거리를 가지며 어떤 점에서는 보다 현대적인 의미의 시적 구조를 보여준다고 할 수 있다. 이 시집의 가장 큰 특징은 문장에 있다. 각각의 문장은 마치 서로 관계가 없는 듯 떨어져 있지만, 그것들은 묘한 소통의 창구를 통해 통일적 의미망을 형성하며 긴 호흡으로 몰아간다. 가령 "설명은 무의미한 공간에 배치되어 움직이지 않는다/어떤 책 가장자리에 적힌 필체를 따라 나의 생각을 밀어 옮긴다/집필이 끝난 방에는 철 지난 옷가지들이 창밖을 염탐한다"(「망루」)와 같은 각각의 문장은 의미상으로 완전히 절연된 듯 보인다. 이 절연의 양상이 시 전체 속에서 어떻게 서로 스며 유의미성을 회복하는가 하는 문제는 감각의 문제이며 나아가 시 정신과 관련된 문제이기도 하다. 이 비밀을 따라가는 길이 박순호의 시를 읽는 한 방법이라 할 수 있겠다.

> 죽은 자로부터 받은 심장을 진리의 저울에 올려 가늠하는 아누비스
>
> 고통의 해방을 외치며 팔딱거리는 산 자의 심장
>
> 앞에서 나는 중얼거린다
> 말하지 못했던 진실은 진리에 가깝다
>
> 나는 공공연한 비밀을 꺼내 저울에 달아본다
>
> —「공공연한 비밀」 전문

시집 가장 앞에 놓인 이 비장한 한 편의 시는 시에 대한 시인의 윤리적 감각을 선명하게 보여준다. 죽음의 심판이란 곧 삶의 심판을 의미하는 것이다. 절체절명의 상황 앞에서 "말하지 못했던 진실은 진리에 가깝다"는 중얼거림은 실존의 자기 고백인 동시에 시인으로서의 정체성을 말하고 있는 부분

이기도 하다. “공공연한 비밀”이란 “말하지 못했던 진실”일 터이며, 시인으로서의 정체성이란 바로 그 진실을 향한 육박을 뜻하는 것이라는 점에서 이 시적 고백은 성찰의 성격을 띠고 있다. “사는 건 늘 낡고 서먹서먹했다는 것에 초점을 맞추며/진실에 더 가까이 접근하기 위해/나를 파헤쳤다가 다시 묻어버”(「다큐멘터리」)린다는 표현도 시적 주체의 진실을 향한 육박과 그 한계를 고스란히 보여준다는 점에서 시의 윤리적 감각을 볼 수 있게 해준다. “공공연한 비밀” 혹은 “진실”을 “저울에 달아본다”는 담담한 고백은 자신을 찾아가는 과정으로서의 시 쓰기를 뜻한다고 할 수 있다. 시 쓰기에 대한 메타적 성격을 다음 시에서 볼 수 있다.

> 쳐내고 쳐내도 거친 표현이 웃자란다
> 나는 몸을 낮추고
> 깨지기 쉬운 가장자리부터
> 약속되어 있지 않는 모든 것
> 고여 있는 침묵을 움켜쥐지만
>
> 어딘가에는 차가운 성질이 숨어 있고
> 막상 내가 꺼내놓은 물건들마다 싸구려 냄새가 진동한
> 다

쓸쓸하기 짝이 없는 건방진 말투
필요 이상의 호기심

애초부터 싹수가 노란 아이들은 그늘을 늘려갔고
즉흥적인 기분은 대부분 찢겨져 파기된다

안개를 들춰내고
푸른 줄기를 꽂아놓는다면 서정이 되는가
그렇다면 바싹 마른 잎을 조금 더 붙잡아둘 수 있을까
때로 웃음만으론 해결되지 않는 일들
문서로 꾸며진 일련의 협박들

타지로 돈 벌러 나간 사이
빈집에 택배와 우편물을 들이듯
서정은 주인 없이도 활발하지만 가끔 무례하다

나는 필요 이상의 걱정을 안고 사는 편이다
숨죽이는 울음을 손질하길 좋아한다

—「필요 이상의 호기심」 부분

인용 시에서 사물과 시적 주체의 상태, 시적 주체의 회의와 시적 태도 등을 살펴볼 수 있다. "쳐내고 쳐내도 거친 표현이 웃자란다"는 고백은 시적 주체가 시를 어떻게 대하고 있는지는 명백히 보여준다. 어쩌면 앞에 말한 단절적 문장도 이러한 시적 태도에서 기인했는지 모른다. "깨지기 쉬운 가장자리"와 "약속되어 있지 않는 모든 것"은 시적 대상의 특징을 비유적으로 암시하고 있다. 시적 주체의 사유가 투박하면 사물의 예민한 가장자리는 깨질 터이며, 시적 주체가 사유하고자 하는 바는 기성의 그 무엇이 아니라 약속 너머 미지의 세계라는 것을 보여준다. 그러한 점에서 "쓸쓸하기 짝이 없는 건방진 말투/필요 이상의 호기심"은 시를 대하는 시적 주체의 반성적 성찰을 의미한다. "안개를 들춰내고/푸른 줄기를 꽂아놓는다면 서정이 되는가"라는 다소 회의적 자기 질의 속에 시 쓰기에 대한 고민과 서정시에 대한 자기만의 인식이 담겨져 있다. "서정은 주인 없이도 활발하지만 가끔 무례하다"는 시적 진술은 앞의 인식적 회의와 맥락을 같이하고 있는 동시에 결과적으로는 시적 주체의 서정에 대한 환멸을 담고 있다고 할 수 있다. "타지로 돈 벌러 나간 사이/빈집에 택배와 우편물을 들이듯" 서정이란 관습화되어 힘이 센, 길들여진 서정을 의미하는 것이겠다. 그러한 의미로 "나는 필요 이상의 걱정을 안고 사는 편"이라는 태도에 대한 기술은 관습적 서정에 대한 거부인 동시에 환멸이라 할 것이다. 이 한 편의 시는 이 시집의 속성을 고스란히 보여준다. 그러한 점에서 이 시집은 분명한 지향 혹은 기획을 가지고 있는 듯 보인다. 뻔하고 관습적인 서정 너머 자신만의 시에 도달하고 싶은 욕망이 그 지향의 바탕이라 할 것이다. "숨죽이는 울음을 손질하길 좋아한다"는 독백에서 방점을 찍을 부분은 '손질한다'는 지점이다. 이 시집은 어떠한 전범이나 규범에서 벗어나 자신만의 방식 즉 자신만의 손질을 통하여 시에 도달하려는 욕망을 담고 있다. 또한 이 시집은 비애의 몽상이라는 분위기를 기저에 담고 있다. 비애의 얼굴은 우울이나 회의의 형상으로 드러난다.

그러나
나는 충분히 우울했으므로
주석 따위는 달지 않았다

까마귀가 앉았다 떠난 나뭇가지
검은 깃털이 걸려 있다
우울을 가꾸던
검은 사제
검은 사체들

두서없이 쌓이는 저 막막함!

—「선천적 우울」 부분

주석이 필요 없을 정도로 충분히 우울했다는 고백은 이 시집 전체를 관통하는 하나의 정서적 배경이 된다. 김현승 시인의 '절대고독'의 상징과도 유사성을 띤 "검은 사제"로서 "까마귀"는 우울을 표상하는 은유물이 된다. "두서없이 쌓이는 저 막막함!"이란 지상의 인과적 관계로서는 이해할 수 없는 우울의 비밀을 의미한다. 이 근원적인 비애의 얼굴이 어디서부터 비롯되는가 하는 문제는 시적 주체의 세계관에 대한 탐구를 의미하는 일이기도 하다. "너는 우울을 생산하는 공장에 나를 취직시킨다"(「환멸에게 보내는 쪽지」)는 시에서 보듯 우울이라는 감정의 실체는 시적 주체의 선택과는 무관한 "환멸"에 의해 부과된 것이다. "환멸"은 보이지 않는 정서적 주관자라는 점에서 운명 혹은 신의 형식을 취하고 있다. 그러한 의미에서 "너의 은유가 나를 집어삼킬 때"(「환멸에게 보내는 쪽지」)라는 시구에서 환멸의 은유가 나를 집어삼켰다는 이해가 가능한 것이다. 그렇다면 "환멸"은 어디로 비롯되는가?

문을 만들려면 우선 벽의 연결을 끊어야 합니다
아시다시피 경첩을 달아야 합니다
문을 열면 무엇이 나옵니까
검은 섬들이 떠다니던가요
비애로 채워진 가마니가 쌓여 있나요
문은 늘 어떤 힘에 의해 움직입니다
열려 있는 시간보다 닫혀 있는 날이 많습니다

그닥 열고 싶은 의지도 없습니다만, 이제는
부드럽고 연한 문도 싫증이 납니다
섹스에도 흥미를 잃었으니까요
나는 벽으로만 둘러싸인 골방을 생각하다 말고
골방 어딘가에 남아 있는 빛을 그리워합니다
왜 선술집 미닫이문 손잡이는 반짝거리지요
취해서 우는 울음은 기억되는 울음입니까
불분명한 발음 때문에 문짝이 삐거덕거리기도 한다는
말
사실입니까
뒤돌아서 바라보면
눈이 깊은 사람처럼 위험한 문
먼지 쌓인 선반처럼 손이 닿지 않는 문
문 밖을 서성이던 사람들은 거리를 헤매고 다닙니다
잠들기 전에 문을 열었다가 닫아봅니다
사라진 문에 대해서는 함구하겠습니다

—「문」 전문

위 시에서 말하는 "문"이란 소통의 창구이면서 동시에 소통을 차단하는 관계의 상징성을 포함하고 있다. 문제는 시적 주체가 문을 열었을 때의 상황이다. 문을 열었을 때 "검은 섬들이 떠다니"고 "비애로 채워진 가마니가 쌓여 있"는 광경을 목격하는 일은 끔찍하다. 어쩌면 앞에서 말한 "환멸"의 근원이 관계성으로서의 문을 열었을 때 발생할 수도 있는 일이다. 문제는 시적 주체와 문의 관계성이 타자로부터 주어진다는 것이다. “문은 늘 어떤 힘에 의해 움직”인다는 고백에서 “어떤 힘”은 “너는 우울을 생산하는 공장에 나를 취직시킨다”(「환멸에게 보내는 쪽지」)에서 우울의 공장에 나를 취직시키는 너(환멸)와 등가적 의미를 지니고 있다. 이 타자성을 운명 혹은 신이라고 규정한 이유도 주체와 대상 간의 서로 다른 위상에서 착상된 것이다. “그닥 열고 싶은 의지도 없습니다”는 고백은 시적 주체의 경험적 환멸에서 비롯되었음이 분명하다. 그러한 사실은 시적 주체로 하여금 “문”을 두렵거나 혹은 접근이 불가능한 사물로 사유하게 한다. “눈이 깊은 사람처럼 위험한 문/먼지 쌓인 선반처럼 손이 닿지 않는 문”이란 두려움의 상징으로 “문”이 실재하고 있음을 분명히 보여준다. 이는 진정한 소통의 의미로서 문은 열리지 않을 것임을 예고하는 것이기도 하다. 어쩌면 이 모든 문제는 타자화된 자아로서 가면을 쓴 퍼소나에서 비롯된 것일지도 모른다. “나는 내게서 도난당했다”, “나는 내게서 피살당했다”(「파산」)는 고백적 언술은 궁극적으로 자아에 대한 심각한 불신을 보여준다. 이 심각한 자아에 대한 불신의 결과는 “신의 말씀은 전파를 서두르고/천국의 시계는 바퀴가 되어 굴러”(「파산」)간다는 운명과 신에 대한 수동적 자세로 드러나게 된다. 이러한 전반적 상황을 시적 주체는 “파산”이라고 명하고 있다. 박순호 시인의 이러한 가학적 자기성찰의 태도는 애도 혹은 반성적 회고의 형식을 통해 드러난다. 가령 "가닿을 수 없는 가지에 놓인 붉은 발목을 추억한다"(「근원」)는 시구는 과거에 대한 회고적 성격을 띠면서 동시에 근원을 향한 지향을 보여준다.

물 위에 쓴 일기는 멀리 멀리 뒷걸음질 친다
앞과 뒤가 섞이고
문장부호들이 뒤죽박죽 흐물거리고
지금 이 순간도 출렁거려서 멀미가 날 지경이다

마구 짓밟고, 부수고
잊힌 것들까지 끄집어내어 닦달한다
더 이상 죽는 시늉도 먹히지 않는다

완벽한 하루를 증명하기에는 하루가 너무 짧다

삶의 찬사는 차갑고 맵다

기이한 하루를 버텨낸다면,
몸뚱이는 검은 섬에 놓아두고
눈과 귀를 데리고 심해로 가라앉을 것이다

조금만 참으면 좋아질 거예요
한 이불 속에서 나지막이 퍼지는 속삭임도 잠시
기쁨을 겨냥한 화살은 빗나간다

나는 내게 의미 있는 것들에 대한 상실을 애도한다
애도할 수 있는 시간이 충분하기를 원한다

—「애도하는 삶」 전문

인용 시에서 주목하고 싶은 것은 애도의 성격이다. 무엇을 애도하는가, 왜 애도해야 하는가를 따져 보았을 때 애도의 성격이 드러날 것이다. "나는 내게 의미 있는 것들에 대한 상실을 애도한다"는 시적 진술에서의 키워드는 "상실"이다. "상실"은 어떤 과정으로서의 결과이다. 2연의 시적 진술에 담겨진 의미는 시 쓰기라는 행위의 알레고리로 읽히는 측면이 있다. "마구 짓밟고, 부수고/잊힌 것들까지 끄집어내어 닦달한다/더 이상 죽는 시늉도 먹히지 않는다"는 행위는 다분히 현실적인 그 무엇이라기보다는 시적 주체의 내면적 혼란스러움을 반영한다. 1연의 "문장부호들이 뒤죽박죽 흐물거"린다는 진술에 비추어볼 때 시 쓰기로서의 좌충우돌이 2연에서 드러났다고 할 수 있다. '문을 열면 검은 섬이 떠돈다'고 「문」이라는 시에서 쓴 것과 유사하게 「애도하는 삶」에서는 "기이한 하루를 버텨낸다면,/몸뚱이는 검은 섬에 놓아두고/눈과 귀를 데리고 심해로 가라앉을 것”이라고 진술하고 있다. “검은 섬”은 박순호 시인의 개인적 상징이 될 터인데 회복할 수 없는 관계성이라는 의미망을 가지고 있다. “조금만 참으면 좋아질 거예요”와 같은 속삭임은 거의 최면에 가까운 유혹이라는 사실을 시적 주체도 잘 알고 있다. 어떤 경우든 스스로 가지 않으면 도달할 수 없음을 잘 알고 있기 때문이다. “애도할 수 있는 시간이 충분하기를 원한다”는 기원적 진술은 혼돈과 대결하겠다는 다른 의지의 표현이라 할 수 있다. “애도”란 대상에 대한 시적 사유를 지칭하는 측면이 있다. “타지에서 묻혀온 우울은 애도해야 할 이유가 남아 있다고/나는 중얼거”(「오수리 시편 2」)린다는 시구도 “애도”가 사유의 한 형식임을 보여준다. 그 사유란 시적 사유 그것이다. “흙을 파헤쳐 콘크리트를 붓고 머릿돌 몇 개 세웠던 직업은 나를 증명하지 못한다”(「너무 뜨겁고 너무 요란하다」)는 진술은 시적 주체가 지향하는 바의 세계가 현실의 세계 그 자체가 아니라는 것을 보여준다. “나는 주전자 내부처럼 너무 뜨겁고/너무나도 요란하다”(「너무 뜨겁고 너무 요란하다」)는 진술이야말로 끓는 주전자 같은 폭발적 내면을 보여주고 있다. “어떤 날은 생각을 잃어버려 온 집 안을 들쑤시고/또 어떤 날은 산책길에서 잃어버렸던 마음을 찾아 집에 오기도 한다”(「너무 뜨겁고 너무 요란하다」)는 구절은 왜 그가 세계를 혼돈의 양식으로 이해하고 그러한 혼돈에 상처를 받으면서도 집요한 내적 질서를 추구하는지에 대한 단서를 제공한다. 그가 추구하는 내적 질서란 합리적인 사고가 바탕이 된 그 무엇이 아니라 "죽음을 잡아당기는 말/진화가 거듭되는 말/시공간을 껴안고 부화되는 말"(「과장된 소문」)의 세계이다. 말이 탐구하는 세계란 본질적으로 불완전성을 포함하고 있을 터인데 그러한 측면에서 박순호의 시적 불안은 경험적인 동시에 언어의 불안이라는 측면을 동시에 지니고 있다. "말의 뿌리는 불필요한 양분까지 흡수한다"(「과장된 소문」)는 진술에서 그 같은 인식을 찾아볼 수 있다.

박순호 시인이 인식한 세계는 어둡다. "다시 한 번 말해두지만 나는 밀실처럼 어둡다/그리고 고통스럽기 짝이 없다"(「우리는 서로에게 낱장으로 기억되고」)는 시적 진술은 다른 사물의 의인적 진술일지라도 시적 주체의 심리가 강렬하게 투영되어 있다. 그러한 심리적 상태는 "불행했던 전통을 답습하는 꿈"(「안쪽에서의 파동」)을 꾸어야 하는 부조리한 운명을 의미하는 것이기도 하다. 그에게 시란 이 상처와 부조리를 넘어서려는 방어적 기제이면서 동시에 끝내 따라잡을 수 없는 실체이기도 하다. 그러한 의미에서 성찰과 애도는 자신의 전 생애(문학적 생애라 해도 좋다)를 조율하는 사유의 방식이다. "이만하면 정원으로 옮겨도 될까요"(「이식」)라고 물을 때 불완전한 실존이 잠시 흔들린다. 어쩌면 그 불편한 자세가 그에게는 시라는 다른 이름일지도 모르겠다는 생각을 한다. 하여 "나는 내가 갖고 있는 비밀 재료를 당신 앞에 내놓기가 망설여진다/ 당신에게 전하지 못한 표현은 가라앉았다 떠오르기를 반복한다"(「오수리 시편 1」)고 조심스레 고백하는 것이다. '불안의 시학'이라 불릴 만한 박순호 시인의 시세계는 이전투구의 심리적 갈등으로 점철되어 있다. 그럴 듯한 포장이 없다. "나는 언제나 당신이 서 있는 자리에서 복원된다"(「무소부재」)는 고백에서 "당신"은 시적 아우라이며 진실에 가까운 개념을 담고 있을 터이다.

끝으로 그가 추구하는 세계의 절정을 조용한 목소리로 들려주는 한 편의 시를 읽는 것으로 이 시집에 관한 이야기를 마치고자 한다.

옥수수밭 위에 구름이 집을 짓고 쪽문을 낸다

옥수수밭 사잇길
바이올린 든 낡은 가죽가방을 맨 사람을 만났고
무너진 구름더미 아래서
연주를 청했다

나는 전혀 어울리지 않는 말을 꺼낸 거 같아
머쓱해 했지만
그는 차분히 가방을 열고 연주를 시작했다

옥수수 알갱이는 빈자리를 찾아 들어차고
구름의 움직임은 굼뜨고
벌레들이 잎사귀를 갉아먹다가 잠시 멈췄다
모든 것은 완벽했다
마치 정원에 날아든 주름꽃이 어울리는 것처럼

작은 것들을 위한 열정
처음 접했던 앳된 정서들
하지만 모든 날은 기록되길 원치 않는다

바이올린을 켜던 사람은 떠나고 없다
바람이 한 차례 옥수수밭을 훑고 지날 때
길쭉한 초록 잎들은 허공의 어깨에 대고 활을 문지른다

추수 때가 가까워 온 옥수수밭 사잇길을 걷는다

—「옥수수밭 사잇길」 전문

시인동네 시인선 147

너의 은유가 나를 집어삼킬 때

초판 1쇄 인쇄 2021년 2월 22일
초판 1쇄 발행 2021년 3월 5일
지은이 박순호
펴낸이 김석봉
디자인 헤이존
펴낸곳 문학의전당
출판등록 제448-251002012000043호
주소 충북 단양군 적성면 도곡파랑로 178
전화 043-421-1977
전자우편 sbpoem@naver.com

ISBN 979-11-5896-505-1 03810